CATALOGUE

D'UNE COLLECTION

D'ESTAMPES

DES

Écoles Allemande, Anglaise, Française & Italienne

LIVRES A FIGURES

DESSINS & TABLEAUX

GOUACHES ITALIENNES DE LA VILLA MADAME

ŒUVRE DE BÉRAIN

Provenant d'un Amateur de Province

DONT LA VENTE AUX ENCHÈRES PUBLIQUES AURA LIEU

Les Jeudi 6 & Vendredi 7 Juin 1867

A UNE HEURE PRÉCISE

Me **DELBERGUE-CORMONT,** Commissaire-Priseur,
rue de Provence, 8,
Assisté de **M. CLEMENT,** Md d'Estampes de la Bibliothèque Impériale, rue des Saints-Pères, 3,
Chez lesquels se distribue le présent Catalogue.

EXPOSITION PUBLIQUE

Le Mercredi 5 Juin 1867, de une heure à cinq heures.

PARIS — 1867

11 [illegible]

a. T. 41-42. | 47-48 | 49-50 | 71-72 | 159-160

n. T. 171-172 | 223-224 | 225-226.

(Fr. de Baudicour)

CATALOGUE

D'UNE COLLECTION

D'ESTAMPES

DES

Écoles Allemande, Anglaise, Française & Italienne

LIVRES A FIGURES

DESSINS & TABLEAUX

GOUACHES ITALIENNES DE LA VILLA MADAME

ŒUVRE DE BÉRAIN

Provenant d'un Amateur de Province

DONT LA VENTE AUX ENCHÈRES PUBLIQUES AURA LIEU

Les Jeudi 6 & Vendredi 7 Juin 1867

A UNE HEURE PRÉCISE

Me **DELBERGUE-CORMONT**, Commissaire-Priseur,
rue de Provence, 8,
Assisté de M. CLEMENT, Md d'Estampes de la Bibliothèque Impériale, rue des Saints-Pères, 3,
Chez lesquels se distribue le présent Catalogue.

EXPOSITION PUBLIQUE

Le Mercredi 5 Juin 1867, de une heure à cinq heures.

PARIS — 1867

ORDRE DES VACATIONS

PREMIÈRE VACATION. — *Le Jeudi 6 Juin 1867* :

N°s 1 à 278.

DEUXIÈME VACATION. — *Le Vendredi 7 Juin 1867* :

Supplément. N°s 13 à 136.

Catalogue. LIVRES A FIGURES. N°s 338 à 353.

Supplément. N°s 137 à 163.

Catalogue. DESSINS. N°s 279 à 337.

Supplément. TABLEAUX ET DESSINS. N°s 1 à 12.

L'Expert dirigeant la Vente se réserve la faculté de diviser les Lots.

CONDITIONS DE LA VENTE

Elle sera faite au comptant.

Les Acquéreurs paieront CINQ POUR CENT en sus de leurs adjudications.

DÉSIGNATION

ESTAMPES

Alberti (Chérubin). La Vierge et l'Enfant Jésus (B. 33). Deux frises (B. 110-112) d'une suite de trois. L'Enlèvement des Sabines (B. 159). Deux Amours portant des guirlandes. Cinq pièces, belles épreuves.

2 **Andrea** (Zoan). La Danse des quatre femmes (B. 18). Très-belle épreuve.

3 **Angeli** (Jean-Bapt.), surnommé *Torbido del Moro*. Les quatre Saisons, d'après Jules Romain (B. 22). Très belle et ancienne épreuve, avant que la planche ait été retouchée au burin.

4 **Audran** (Jean), **Ancelin** (J.-C.). Saint-Benoist, d'après Restout. La Parure naturelle, d'après Netscher. Deux pièces.

5 **Badalocchio**. Le Laocoon, d'après l'antique (B. 33). Très-belle épreuve.

6 **Balechou** (Joseph). Sainte Geneviève. Très-belle épreuve.

7 — Le Portrait de la sœur de Mme Aved, peintre. Le Portrait de Robien. Le Portrait du comte de Brühl. Trois pièces.

8 **Balechou**, **Nanteuil**, **Edelinck**. Philippe d'Espagne, C. Thévenin, Bossuet et Loménie de Brienne, par Vallet. Quatre pièces.

9 **Bartoli** (Pietro-Sancti). Sept pièces de plafonds représentant la vie de Saint-Pierre, d'après Lanfranc. Belles épreuves.

9 bis. **Beatrizet** (Nicolas). Le Combat de la Raison et de l'Amour (B. 44). Belle épreuve.

10 **Beauvarlet** (Jacques-Firmin). Les Fils du duc de Béthune, d'après Drouais le fils. Portrait de Desmarets, théologien et confesseur du roi. Deux pieces.

11 **Béga** (Corneille). L'Homme avec la main dans le pourpoint (B. 10). La Vieille tenant un grand pot (B. 12). Le Fumeur (B. 13). Le Paysan au chapeau bas (B. 17). La Famille (B. 21). Les deux Amoureux (B. 25). La Mère (B. 28). La jeune Cabaretière caressée (B. 34). Huit pièces.

12 **Bellangé** (J.). Vignon, etc. Six pièces diverses.

13 **Biondi** (Vincent). Alma Redemptoris Mater, d'après Raphaël. Belle épreuve.

14 — Sainte Cécile, d'après C. Dolci. Très-belle épreuve avant toutes lettres.

15 — La Madeleine couchée, d'après Le Corrège. Très-belle épreuve avant toutes lettres.

16 — La même Estampe. Très-belle épreuve avant la lettre.

17 — Beatrix Cenci, d'après Guido Reni. Très-belle épreuve avant toutes lettres, sur papier de Chine.

18 **Boldrini**. L'Adoration des Bergers. Pièce gravée sur bois.

19 **Bonasone** (Jules). La Vierge assise soutenant du bras droit l'Enfant Jésus (B. 56). Europe enlevée par Jupiter (B. 109). Triomphe de Junon (B. 117). Plus une Vierge au berceau, d'après Raphaël, attribuée à Bonasone. Quatre pièces.

19 bis. **Bonnet** (à Paris, chez). Le Procureur et le Tailleur. Deux pièces en couleur.

20 **Bosse** (Abraham). Cinquante et une figures de la manière de graver. Dix vignettes du Virgile. (Poème par Tournay). Belles épreuves.

21 — Les quatre Eléments, (Dup. 1090-1093.) Très-belles épreuves avec marges.

22 — Les Œuvres de miséricorde. Suite de cinq pièces. (Dup. 50-55.) Très-belles épreuves.

23 **Bouchardon** (Edme). Vénus et l'Amour, par Fessard. Quatre sujets de vignettes. L'Architecture et l'Astronomie, par Le Bas. Sept pièces.

24 **Boucher** (D'après). L'Amour vendangeur. L'Amour oiseleur. L'Amour moissonneur, par Fessard et Lépicié. Trois pièces.

25 — Sujets gracieux au crayon rouge ; par Demarteau, Varin. Dix pièces, belles épreuves avec marge.

26 — Six pièces, sujets pastoraux ; plus les grâces naturelles, par Henriquez. Sept pièces, belles épreuves.

27 — Sept pièces au bistre. Belles épreuves.

28 **Boucher**, **Huet** et **Greuze** (D'après). Onze pièces diverses imprimées en noir et en couleur.

29 **Boucher et autres**. Seize pièces, sujets gracieux.

30 **Bouchet** (G.-A.), **Bouchier** (J.-A.-Cl), **Cars** (Laurent). Une Jeune Fille lisant une lettre, par Detroy. Une Tête de Vierge. Portrait de Sébastien Bourdon, avant la lettre. Trois p., belles ép.

31 **Boulanger, Grignon, Gunst.** Portraits de René de Gereziers; Nemours, archevêque de Reims; Étienne Moreau, évêque d'Arras. Quatre pièces.

32 **Boullongne** (L.) et **Vuibert** (R.). La Flagellation de saint André, deux pièces d'après C. Véronèse et Le Dominiquin.

33 **Bout** (P.). Les Chasseurs (B. 4).

34 **Brébiette, Baptiste**, etc. Frises et Fleurs. Six pièces.

35 **Businck** (Louis). Moïse. Saint Pierre et saint Paul. Sainte Famille, etc. Six pièces imprimées en clair-obscur.

36 **Bruyn** (N. de). Six pièces. Sujets divers.

37 **Cantarini** (Simon), dit **le Pesarèse**. Repos en Égypte (B. 5). Mars, Vénus et l'Amour, d'après Paul Véronèse (B. 32). Deux pièces, belles épreuves.

39 **Carrache** (les). Mercure et les Grâces (B. 110). La Madeleine, etc., le Christ de Caprarole, et Vingt-neuf pièces diverses.

40 **Caraglio** (Jacques). Les Muses et les Filles de Piérus (B. 53). Très-belle épreuve, avant la retouche d'Énée Vico. Rare.

41 bis Le même sujet, gravé par un maître français.

42 **Cardon**. Vingt-deux pièces de la suite des vues prises en Italie.

43 **Castiglione** (Jean-Benoît). La Vierge à genoux près de la crèche (B. 7). La Mélancolie (B. 22). Deux Têtes de Vieillards (B. 49 et 50). La Magicienne. 5 pièces.

44 **Castelli** (Bernard). Trente-six pièces de l'Adamo, drame d'Andrini.

45 **Chardin** (S. d'après). Le Tôton, par Lépicié. Belle épreuve.

46 — Le Négligé ou la Toilette du matin. Le Benedicité. Deux pièces, belles épreuves.

47 — La Mère laborieuse et la Gouvernante, par J. Le Moine. Deux pièces faisant pendant, belles épreuves.

48 — La Gouvernante. La Toilette du matin. Plus une Nature morte. Trois pièces.

49 — La Fontaine, par C.-N. Cochin. Très-belle épreuve.

50 **Chardin et autres**. Dix-neuf pièces diverses.

51 **Chereau** (François). Portrait du cardinal Fleury d'après Rigaud. Belle épreuve.

52 **Cochin** (C.-N.). Eau-forte représentant le Concours pour le prix de l'étude des têtes et de l'expression, fondé à l'Académie royale de peinture et sculpture, par M. le comte de Caylus, en 1760. Pièce non terminée.

53 **Corbut** (C.), **Earlom** (R.). Le Rabbin juif, d'après Rembrandt. Le Concert d'oiseaux, avant la lettre. Deux pièces, belles épreuves.

54 **Corneille** (J.-B.). La chaste Suzanne au bain. Bethsabée. Deux pièces.

55 **Coypel, Lahire, Garnier.** Pan vaincu par les Amours. La Vierge aux Anges. Le Repos en Egypte. Trois pièces.

56 **Cranach** (L.), **Brosamer** (H.). **Durer** (A.). Jésus saisi par les Juifs. Le Palefrenier dans une écurie. Pièce de l'Apocalypse. Trois pièces.

58 **Danzel** (J.). Le Cabaret, d'après Van Tilborgh. Très-belle épreuve.

59 **Daullé, Schmidt et autres.** Portrait de C. Gendron, N. Estherhasi, du prince de Kaunitz et autres. Cinq pièces.

60 **Debucourt** (peint et gravé par). Ils sont heureux, pièce gravée à la manière noire. La Fenêtre, pièce imprimée en couleur.

61 **Drevet** (Pierre). Arnault (Maître Antoine), d'après Ph. de Champagne. Belle épreuve.

62 — Rigaud (Hyacinthe), tenant un porte-crayon, d'après lui-même. Belle épreuve.

63 — Troy (François de), d'après lui-même. Très-belle épreuve avant la lettre.

64 — Portrait de Gilet (Pierre), procureur, d'après H. Rigaud. Belle épreuve.

65 **Drevet** (Pierre-Imbert). Orléans (Louise-Adélaïde d'), Abbesse de Chelles. Belle épreuve.

66 — Dubois (Guillaume), cardinal, d'après Hyacinthe Rigaud. Belle épreuve.

67 **Drouais** (D'après H). Mlle Pélissier, par J.-D. Daullé. Belle épreuve.

68 **Dupuis** (C.-H.). Nicolas de Largillière, d'après Geulain.

69 **Durer** (A.). Le Cheval de la Mort (B. 98). Très-belle épreuve.

70 **Dyck** (Van). Portraits de Momper et de Paul de Vos.

71 **Dyck** (d'après Van). Isabelle. — Claire. — Eugénie. — Antoine de Bourbon. — Marguerite de Barlemont, etc. Cinq pièces.

72 **Écoles italienne et française**. Trente-trois pièces diverses.

73 **École française**. Deux feuilles représentant des costumes d'hommes et de femmes.

74 — Les Fruits de la Guerre, suite de dix-sept estampes.

75 — Onze Pièces, eaux-fortes diverses.

76 **École anglaise.** Neuf Pièces en noir et en couleur, par différents graveurs.

77 — Neuf pièces à l'eau-forte et au burin, par et d'après différents maîtres.

77 *bis* **École italienne.** Frises, Rinceaux et Ornements divers. Vingt-huit pièces.

78 **Edelinck** (G.). Sainte Madeleine, d'après Lebrun (R. D. 32).

79 — Colbert (Jean-Baptiste-Michel) (R. D., 172). Très-belle épreuve du 2e état.

80 — Portrait de Cousin (J.) Goltzius (H.). (R. D. 174 et 216).

81 — Huet (P.-D.) (R. D. 224). Belle épreuve.

82 — Lebrun (C) (R. D 238). Très-belle épreuve.

83 — **Edelinck** (G.). Mansart (J.-H.) (R. D., 283). Très-belle épreuve du 2e état.

84 — Noailles (A.-J., duc de) (R. D., 284). Très-belle épreuve du 1er état.

85 — Parent (J.-C.) (R. D. 287). Très-belle épreuve.

86 — Rigaud (H.). Santeuil (J.-B.) (R. D., 311). Deux pièces.

87 — Moreri (L.). Très-belle épreuve.

88 **Eisen**, **Baudoin** **Boilly**. Différents sujets gracieux. Sept pièces.

89 **Faber** (John), **Green** (Valentin). Six Pièces gravées à la manière noire. Belles épreuves.

90 **Fontana** (J.-B.). Le Cheval de Troye (B., 53). Très-belle épreuve. Plus quatre eaux-fortes de maîtres anonymes italiens.

91 **Francia** (J.). L'Amour et Vénus tenant une équerre (B. 6, tome 15.) Très-belle épreuve; elle est rognée et doublée.

92 **Franco** (Baptiste). Sept Pièces de la suite des camées antiques Premières épreuves avant l'inscription (B. 87, 88, 89, 90, 92, 93). Belles épreuves.

93 **Freudeberg** et **Lavrince**. L'heureux Moment. La Toilette. Deux pièces.

94 **Gérardin**. Sorel (Agnès). Très-belle épreuve.

95 **Gessner**. Suite de dix Paysages, plus huit pièces tirées de différentes suites.

96 **Gémignani** (Hyacinthe), **Carpioni** (Jules). Cléopâtre fait fondre une perle devant Antoine (B. 23). La Vierge au rosaire. (B. 6). Deux pièces.

97 **Goltzius** (H.). La Circoncision (B., 18). Très-belle épreuve.

98 — Un Porte-Enseigne (B. 125). Belle épreuve.

99 — Portrait de Nicquet (B. 177). Très-belle épreuve.

100 — Le Triomphe de Galathée, d'après Raphaë (B. 270). Très-belle épreuve.

101 **Greuze** (D'après). La Lecture de la Bible, gravé par Watelet.

102 **Hollar**. La Passion de Jésus-Christ. Seize pièces,

103 **Huret** et **Lucas**. Portrait de Mellier, évêque de Troyes et d'Annibal de Marseille. Deux pièces.

104 **Janinet**. Nina, imprimé en couleur. Très-belle épreuve.

105 — La Toilette. Pièce gracieuse imprimée en couleur.

106 **Jeaurat**. Les Arts libéraux, plus la Poésie, d'après Le Clerc. Cinq pièces.

107 **Kauffmann** (Angelica), **Martin** (D.), F. **Elliot** (Guillaume). 5 pièces, portraits et sujets. The right honorable W. Pultency. Le Printemps. 7 pièces.

108 **Klauber** (J.). Van Loo (Carle), d'après C. Le Sueur. Belle épreuve.

109 **La Joue** (J.). Les Arts libéraux. Sept pièces gravées par Cochin.

110 **La Fage** (R. de). Six pièces gravées au trait.

111 **Lalonde**, **Ranson** et **autres**. Trente-cinq pièces diverses : Frises, Rosaces, Grilles, Trophées, Pendules, etc.

112 **Lancret** (D'après). Grandval. Belle épreuve.

113 — La Conversation galante, par Le Bas.

114 — Les Quatre Ages, par de Larmessin.

115 **Lancret** (d'après) ET **Watteau**. Le Midi, Le Jeu du cache-cache Mitoulas, le Jeu des quatre-coins, Mezetin, Têtes d'étude. Dix pièces.

116 **Lasne** ET **Lenfant**. Jean-Antoine de Mesme, J. Bellièvre. Trois pièces.

117 **Lavrince**. Le Roman dangereux. L'Heureux Moment. Deux pièces avant la dédicace.

118 **Le Brun** (D'après). La Déclaration d'amour, la Sultane infidèle, la Sollicitation amoureuse, l'Intrigue découverte. Quatre pièces.

119 **Lepautre**. Vingt-deux pièces : ornements divers.

120 **Leprince** (X.). Les Inconvénients du voyage en diligence et autres. Quatorze pièces.

121 **Leyde** (L.). La Foi (B. 127). Une Frise. Pièce attribuée.

123 **Lombart** (P.). Portraits du comte de Pembroke et de la comtesse de Middlesex. Deux pièces.

124 **Londonio**, Cinq pièces animaux divers.

125 **Mac-Ardell** (James). Rachel, comtesse de Southampton, d'après Van Dyck. Jeune Femme, d'après Reynolds. Miss Newhouse. Portrait d'un inconnu. Très-belle épreuve avant la lettre. Quatre pièces.

126 **Maes** (P.). Pompadour (marquise de), etc. Sept pièces diverses.

127 **Maître au monogramme P. S.** Vue à vol d'oiseau de l'île de Corfou, plus onze pièces d'architecture, style corinthien. Très-rares.

128 **Maître au monogramme A. F.** L'Enfant ailé à cheval. (B., tome XV, p. 536, n° 2). Très-belle épreuve.

129 **Maître au monogramme G. L. D.** La Descente de croix, d'après Ricciarelli. L'Adoration des Bergers. Deux pièces, belles épreuves.

130 **Maîtres anonymes de l'École de Marc-Antoine Raimondi.** La Magnanimité de Scipion (B. 3). Base de colonne théodosienne (B. 4). La Colonne Trajane. Trois pièces, belles épreuves.

131 — Quatre Femmes au bain. Offrande à Priape. Portrait de Tomiris, reine des Scythes. Montant d'ornements. Quatre pièces.

132 — Arc de triomphe de César Claudius de Rome. La Colonne Trajane. Base et Chapiteau de colonne. Trois pièces.

133 — La Rotonde de Sainte-Marie de Rome. Le Château Saint-Ange et le Colysée de la même ville. Trois pièces.

134 — Morceaux d'architecture, représentant les différents monuments de Rome. Vingt-six pièces.

135 — Quatre pièces représentant différents morceaux d'architecture romaine.

136 — Six Figures représentant des cariatides. Six pièces.

137 **Mantegna** (André). Jésus-Christ ressuscité (B. 6). Belle épreuve.

138 — **Mantegna** (André). Le Sénat de Rome accompagnant un Triomphe (B. 11). Très-belle épreuve.

139 — Les Soldats portant des trophées (B. 12). Très-belle épreuve.

140 — Les Soldats portant des trophées. (B. 13). Très-belle épreuve.

141 — Bacchanale au Silène (B. 20). Belle épreuve.

142 **Maratte** (C.). Jésus et la Samaritaine (B. 7).

143 **Massé** (Ch.). Sainte Famille, d'après le Corrége.

144 **Mercati** (J.-B.). Les Vues de Rome. Suite de trente-deux estampes (B. 12-63), dont nous n'avons que seize.

145 **Mercury** (M. Pierre). Sainte Amélie, reine de Hongrie, d'après C. Delaroche. Très-belle épreuve avant la lettre, sur papier de Chine. Pièce encadrée.

146 — Les Moissonneurs, d'après L. Robert. Très-belle épreuve avant la lettre, sur papier de Chine. Pièce encadrée.

147 **Masson** (Antoine). Le Fèvre d'Ormesson (R. D. 58). Très-belle épreuve.

148 — Dupuis (P.). (R. D. 25). Très-belle épreuve.

149 **Mellan** (Claude). Portraits de Richelieu, La Mothe-le-Vayer; sujets religieux et profanes, etc. Neuf pièces.

150 **Michel-Ange** (D'après). La Gloire militaire. Proserpine. La Chute de Phaéton. Titius dévoré par un vautour. Les Grimpeurs. Quatre pièces, belles épreuves.

151 **Moreau** (J.-M.). Bethsabée au bain, d'après Rembrandt. Très-belle épreuve avant la lettre.

152 **Moreau** (J.-M. d'après). Les Petits Parrains et les Adieux. Deux pièces, belles épreuves.

153 **Moreau, Le Barbier** et **Cochin**. Dix-sept vignettes pour illustrer le Rousseau et autres ouvrages.

154 **Morghen**. (Raphaël). La Charité, d'après le Corrége.

155 **Morghen** (Raphaël) et **Biondi**. La Vierge de douleurs, d'après Sassoferrato. Très-belle épreuve avant toutes lettres.

156 — La même Estampe. Belle épr. avant la lettre.

157 **Morghen** et **Toschi**, Napoléon Ier et le duc de Cazes. Deux pièces.

158 **Morland** (D'après G.). Quatre pièces en couleur de l'École anglaise. — La Nativité, pièce gravée par Michel (Jean-Baptiste). Cinq pièces.

159 **Morin** (J.). Henri II, roi de France. (R. D. 59). Superbe épreuve.

160 — La Comtesse de Bossu (R. D. 56). Très-belle épreuve du 1er état.

161 **Muller** (Sébastien). Une Vue du Jardin Royal de Sommerset, d'après Canaletti. Neuf feuilles costumes militaires de différentes nations. Dix pièces.

162 **Nanteuil** (R.). Les quatre Évangélistes (R. D. 7). Deux épreuves.

162 bis — Charles-Emmanuel, duc de Savoie (R. D. 61). Marie-Jeannie-Baptiste de Savoie (R. D. 163). Deux pièces, belles épreuves.

163 **Nanteuil** (R.). Le Tellier (Ch. Maurice). (R. D. 139). Très-belle épreuve.

164 — Nemours (Henri de Savoie, duc de). (R. D. 198). Très-belle épreuve du 1er état.

165 — Péréfixe (A. D. 211). — L'Abbé de Ligny (R. D. 144). Deux pièces, très-belles épreuves.

166 — Seguier (R. D. 224). — Le duc de Bouillon (R. D. 50). Deux pièces.

168 **Oudry** (J.-B.). Cinq pièces : Sujets de chasse.

169 **Palma** (J.). La Déesse tutélaire (B. 24).

170 **Parrocel** (J.). Vingt et une pièces : Sujets militaires.

171 **Pater** (D'après). Huit pièces pour le Roman Comique de Scarron, par différents graveurs.

172 **Peregrini**. Une Femme avec trois Hommes et un Satyre (D. 242. B., t. XIII, page 101, n° 6). Pièce de forme ronde. Très-belle épreuve d'un nielle extrêmement rare.

173 **Perrier** (F.). Les Plafonds de la Farnésine. Deux pièces.

174 **Pesne** (J.). La Sainte Famille (R. D. 9). Épreuve du 1er état. — L'Assomption de la Vierge (R. D. 11). Deux pièces.

175 — Poussin (N.), d'après lui-même (R. D. 6). Très-belle épreuve.

176 **Picart** (B.). Le Massacre des Innocents, avant la couronne sur la tête de Pharaon et diverses pièces allégoriques. Quatre pièces.

177 **Picart** (E.). Rohan-Chabot (Louis, duc de). Très-belle épreuve.

178 **Piquet, Poilly**. Sept pièces diverses.

179 **Piranesi**. Quatorze pièces d'architecture.

180 **Pitau**. Portrait de Jacques Favier du Boullay et de Petau. Deux pièces, très-belles épreuves.

181 **Poilly**. Portraits de Amelot, Pierre Lemoine, etc. Quatre pièces.

182 **Podesta** (J.-.A). La Suite des Amours assemblés dans une campagne agréable autour de la statue de Vénus (B. 8).

183 **Pontes**. La Vierge à la Chaise, d'après Raphaël. Très-belle épreuve avant la lettre, sur papier de Chine.

184 **Porporati**. La Vierge au Lapin, d'après le Corrége (dite la Zingara). Très-belle épreuve avant la lettre.

185 **Reynolds** (J.). Lady Sarah Bunbury, offrant un sacrifice aux Grâces, par Roher. — Lieutenant-colonel Tarleton, par J.-R. Smith. Deux pièces, belles épreuves.

186 — Le Révérend Richard Neweame, d'après J. Allen. — Edward Bickerteth, d'après Alex. Masses. — L'Antiquaire, d'après Bonnington. Trois pièces, belles épreuves.

187 — Garrick entre la Tragédie et la Comédie, par Fischer. Belle épreuve.

188 **Raimondi** (Marc-Antonio). La Nativité (B. 17), par A. Vénitien. Ép. avant l'adresse d'Ant. Sal.

189 — Les quatre sujets de bas-relief tirés de la colonne Trajane, par Marc de Ravennes (B. 202-205). Le n° 202 manque. Premières épreuves avant l'adresse de Salamanque, plus une vue de

la ville d'Alger assiégée par l'armée espagnole, en 1540. Pièce non décrite, attribuée à Marc de Ravenne. Quatre pièces.

190 — Le jeune et le vieux Bacchant (B. 294). Bonne épreuve.

191 — Apollon et Daphné, par A. Vénitien (B. 317). Belle épreuve avec l'année 1518. — Vénus sur la mer (B. 323), par M. de Ravenne. Belles épreuves avec l'adresse de Salamanca. Deux pièces.

193 — Mars, Vénus et l'Amour (B. 345). Belle épreuve.

194 — Vénus et Vulcain entourés d'Amours (B. 349). Le Vieillard dans la roulette d'enfant (B. 400). Deux pièces, belles épreuves, par A. Vénitien.

195 — La Philosophie (B. 381). Copie A.

196 — Position des armées de Charles V et de Soliman II (B. 419). Carte géographique de Tunis, en 1535 (B. 421), par A. Vénitien. — Le Piémont au XVIe siècle. Trois pièces, belles épreuves.

197 — Les Chapiteaux, bases des colonnes et entablements des trois ordres d'architecture, savoir : Dorique, Ionique et Corinthien (B. 525 à 533). Très-belles épreuves des secondes planches, avec la date de 1536.

199 — L'Autel de Jupiter (B. 535). — L'Autel de l'Amour (B. 536). — L'Arc triomphal de Constantin (B. 537), par Augustin Vénitien, plus deux monuments d'architecture attribués au même. Cinq pièces.

200 **Raimondi** (Marc-Antonio). La Façade aux cariatides (B. 538). Très-belle épreuve. Plus la copie du Triomphe (B. 213).

201 — Camille (B. 201). Moitié d'un panneau d'ornements (B. 563), par A. Vénitien. Belles épreuves.

202 — Panneaux d'ornements (B. 564-583). Suite de vingt estampes avant l'adresse d'Ant. Sal. Belles épreuves.

203 **Raphaël** (D'après). La Dispute du Saint-Sacrement.

204 **Rosa** (François). Les Anges enlevant au ciel la Sainte Vierge (B. 2). Très-belle épreuve.

205 **Roullet** (J.-L.). Choisy, docteur en Sorbonne. Très-belle épreuve.

206 **Rubens** (D'après). Sujets de sainteté, Portraits d'empereurs romains, etc. Vingt-deux pièces.

206 bis — Melchisedec présentant le pain et le vin à Abraham. Très-belle épreuve.

207 **De La Rue** (D'après). Portrait de M. Nestier, grand écuyer.

208 — Sujets militaires. Dix-neuf pièces.

209 **Sadeler** (G.). Estampe allégorique sur la mort de l'épouse de Spranger, avec le médaillon du mari et de la femme, d'après Spranger. Belle épreuve.

210 **Saenredam**. Junon (B. 64). Peintre peignant d'après une femme nue (B. 100). Deux pièces; belles épreuves.

211 — Les quatre Parties du jour (B. 91-94). Superbes épreuves.

212 **Saint-Aubin** (D'après). La Promenade des remparts et le Tableau des portraits à la mode, par Courtois. Deux pièces; très-belles épreuves.

213 **Du Sart** (Corneille). La Ventouse (B. 12). Le Chirurgien de village (B. 13). Le Cordonnier renommé (B. 124). La Fête de village (B. 16). Quatre pièces.

214 **Schenau.** Sujets familiers, Etudes de chevaux, charmantes eaux-fortes. Douze pièces.

215 **Schmutzer** (Jacques). Mme Bodin, première danseuse du Théâtre-Impérial de Vienne. Belle épreuve.

216 **Schuppen** (Van). Duc d'Epernon, Nicolas de La Reynie. Deux pièces; belles épreuves.

217 — G. de Marca, F. Pithoens. Deux pièces. belles épreuves.

218 — Seguier. Le Frère de Caumartin. Deux pièces; belles épreuves.

219 **Schut** (Corneille). Différents Sujets religieux gravés à l'eau-forte. Neuf pièces.

220 **Sichem** (Christophe van). Les comtes de Hollande et de Flandres. Quinze pièces.

221 **Simon** (Jean), **Smith** (John). The Reverend Honourable Joseph Addison Esquire, d'après Kneller. Plus trois pièces de l'école anglaise.

222 **Simonneau**, **Vischer**, etc. Dix pièces. Sujets et Portraits dont la Fricasseuse, par Vischer.

223 **Smith** (Gabriel), **Simon**, **Pollard** (R.). Quatre pièces de l'école anglaise.

224 **Smith** (J.). Lord Burton, le duc de Glocester, le comte de Salisbury, M. Grevil Verney, le comte de Exeter, le Départ pour la chasse. Six pièces.

225 **Soye** (Philippe). Sainte Famille, d'après Michel-Ange, connue sous le nom de Silence de Michel-Ange. Très-belle épreuve.

226 **Stoop**. Différents Chevaux (B. 1 à 12). Suite de douze estampes, dont nous n'avons que six.

227 **Surugue** (L.). Verdun (L.-Ch.), Geoffroy (E.-F.). Deux portraits d'après Drouais et Largillière.

228 **Téniers et autres**. Dix-sept pièces tirées du cabinet Choiseul et autres.

229 **Testa** (P.). Les quatre Saisons (B. 35 à 38). Plus une Sainte Famille et l'Enfant Jésus embrassant la croix.

230 **Tiepolo** (Les). La Passion de Jésus-Christ. Suite de quatorze pièces, plus le titre et un frontispice. Très-belles épreuves.

231 — La Fuite en Egypte. Suite de vingt-quatre pièces, plus deux titres et un frontispice. Très-belles épreuves.

232 — Les Caprices. Sept pièces.

233 — Différents Sujets mythologiques et autres. Suite de vingt-deux pièces. Très-belles épreuves.

234 — Etudes de différentes figures. Suite de vingt-huit pièces. Très-belles épreuves.

235 — Fuite en Egypte, Saints en extase et sujets de Vierges, etc. Douze pièces.

236 **Tiepolo** (Les). Le Baptême de Jésus-Christ, saint Jean prêchant, Angélique et Médor, etc. Dix pièces ; très-belles épreuves.

237 — Jésus célébrant la Cène, le Martyre d'un Saint, Evêque prêchant, etc. Dix pièces. Très-belles épreuves.

238 — Angles et Plafonds. Neuf grandes pièces. Très-belles épreuves.

239 — Le Martyre d'un Saint, l'Adoration des Mages, Sujets religieux. Quatre pièces. Très-belles épreuves.

240 — Fêtes vénitiennes, d'après Tiepolo. Quatre pièces. Belles épreuves.

241 **Tempesta** (Antoine). Batailles, Frises, Combats, Sujets de chasse, Siéges de villes, etc. Dix-sept pièces.

242 **Tribolo**, dit **le Maître à la Chausse-Trappe**. Chapiteaux et bases de colonnes, d'après l'antique. Dix-huit pièces.

243 **Trente** (Antoine de). La Sibylle Tiburtine et Auguste, d'après le Parmesan (B. 7). L'Alliance de la Paix et de l'Abondance, d'après le Guide (B. 10). Trois pièces en clair-obscur.

244 **Trouvain** et **Thomassin**. Portraits de Jean Jouvenet et de La Lande. Deux pièces.

245 **Vani** (J.-B.). Un des Prophètes de la cathédrale de Parme. Un Saint tenant dans la main gauche un bâton. Trois pièces, d'après le Corrége.

246 **Vauquier** (J.). Dix pièces : Fleurs diverses.

247 **Vermeulen**. Portrait du duc de Noailles ; Mezetin. Deux pièces.

248 **Vico** (Enéas). Différents Panneaux de grotesques, dessinés d'après les peintures antiques. Suite de vingt-quatre estampes de différentes grandeurs (B. 467-490). Il nous manque une pièce.

249 — Saint-Georges combattant contre un dragon qu'il perce de sa lance (B. 12). Belle épreuve.

250 **Vico** (Attribué à Enée). Cartes pour servir à l'histoire des événements du XVIe siècle, trois sur les événements d'Italie, une sur la France, l'Espagne et la Flandre, et une autre sur le siége de Bude en Hongrie. Cinq pièces.

251 **Ward** (W.). Portrait de Saint Georges. A la manière noire. Belle épreuve.

252 **Watteau** (d'après). Pierrot et Arlequin. Deux pièces faisant pendant.

253 **Wille** (J.-G.). Marigny (Abel-François Poisson, marquis de), d'après Tocqué. Très-belle épreuve.

254 — Parrocel (Joseph), d'après Rigaud. Très-belle épreuve.

255 — La Dévideuse; les Offres réciproques, le Maréchal-des-Logis, la Mort de Cléopâtre. Quatre pièces.

256 **Woollett** (William). La Pêche.

257 **Wouvermans** (D'après). Différents Sujets militaires. Treize pièces par Strange, Moyreau, etc.

LITHOGRAPHIES

258 **Aubry et autres.** Dix-huit Caricatures politiques diverses.

259 **Bellangé** (H.). Charbonnier est maître chez lui. La Mère aux Chiens, etc. Neuf pièces.

260 **Blery** (E.). Vingt-deux Pièces pour le voyage en Dauphiné.

262 **Bouvier et autres.** Vingt-sept Pièces, dont le portrait de Mlle Fleury, danseuse, dans différents rôles.

263 **Caricatures anglaises**. Douze Pièces en couleur.

264 **Caricatures politiques** sur la Restauration, pendant les années 1814 et 1815. Vingt pièces.

265 **Caricature** (Journal la). Quarante-six Pièces politiques sur le règne de Louis-Philippe et Charles X, par H. Daumier et autre.

266 **Charlet**. Cuirassiers chargeant (L. 31 B).

267 — Vingt-six Pièces diverses tirées d'albums.

268 — Croquis à l'estompe et au lavis. Neuf pièces.

270 **Granville.** Voyage pour l'éternité et les Amusements selon l'âge. Vingt-une pièces en noir et en couleur.

271 **Isabey et autres.** Trente-six Lithographies : Vues et Sujets divers.

272 **Monnier** (H.). Quarante Pièces diverses en noir et en couleur.

273 **Pigal**. Huit pièces. Scènes de mœurs.

274 **Raffet**. La Revue nocturne et le Réveil. Anciennes épreuves, deux pièces.

274 *bis* **Raffet** (par et d'après). Sujets d'Albums, Diligences, etc. Onze pièces.

275 **Vernet** (C.). Cris de Paris, Études de Chevaux, etc. Vingt pièces.

276 **Vernet** (Carle d'après). Le Gastronome sans argent. Le Gastronome en jouissance. Deux pièces imprimées en couleur. Grande marge.

277 — Les Incroyables. Belle pièce en couleur.

278 **Vernet** (H.). Le Pont d'Arcole, l'Enfance de Napoléon, Petits, petits, etc. Dix pièces.

DESSINS

279 **Alban**. Orphée monté sur un dauphin traverse la mer. Joli dessin à la plume, lavé de bistre.

280 **Bartolozzi**. Groupe de quatre Amours et d'un bélier. Jolie composition à la plume.

281 **Beauvarlet**. Le Marquis de Pambal. Dessin fait pour la gravure.

282 **Boucher**. Paysage avec Chaumières. Au crayon noir sur papier bleu.

283 **Brebiette**. Le Déluge. Joli dessin à l'aquarelle.

284 **Catrufo**. L'Automne. Dessin à l'aquarelle.

285 **École française**. Deux Chandeliers d'églises. Dessins à l'encre, lavés d'encre de Chine.

286 **École française.** Deux Portraits. Quatre Académies d'Hommes au crayon rouge. Six pièces.

287 — Quatre petits Portraits, Hommes et Femmes. A la mine de plomb et aux trois crayons.

288 — Jeune Femme à mi-corps. Au crayon noir, rehaussé de blanc.

289 — Neuf différents Dessins sur papier bleu.

290 — Différents Croquis. Quinze pièces.

291 — Suite de vingt Dessins de l'Ancien et Nouveau Testament et autres Sujets.

292 — Six Dessins, Sujets religieux et autres.

293 — Six très-beaux Paysages.

294 — Paysages, Portraits, Natures mortes. Huit Dessins au crayon rouge et au pastel.

295 — Six Dessins, Paysages et autres sujets.

296 — Différents Dessins d'ornement. Sept pièces.

297 — Sept Dessins d'après Raphaël et autres.

298 **Flamen.** Très-beau Paysage. Lavé à l'encre de Chine, encadré.

299 **Fragonard** (H.). Paysage avec Fontaine. A la sanguine.

300 **Giordano** (Lucas). L'Amour et Psyché, entourés de petits Amours. Joli dessin au bistre.

301 **Huet** (J.-B.). Le Nid d'oiseaux. Jolie composition à la plume, rehaussée de sépia.

302 — Paysage avec chaumières. Au crayon noir, rehaussé de blanc.

303 **Jouvenet** (Attribué à). La Résurrection de Lazare. Saint Jean-Baptiste prêchant dans le désert. Deux Dessins à la sanguine, plus un Dessin d'après Raphaël, tiré de la Dispute du Saint-Sacrement. Trois pièces.

304 **Lacornée**. Différents cavaliers. Six Dessins au crayon noir.

305 **Lafage**. L'Adoration des Anges et une Bacchanale. Deux jolis dessins à la plume.

306 **Lagrenée**. Études de têtes. Cinq dessins lavés de bistre.

307 **Le Bel** et **Mignard**. Deux Anges délivrent saint Pierre de sa prison. Apollon et les Cyclopes. Deux dessins à la plume, lavés.

308 **Lesueur** (Attribué à). Vénus donne les armes à l'Amour. Joli dessin à la plume, lavé de bistre.

309 **Maître anonyme**. Joli Dessin au bistre, représentant des Moissonneurs prenant leur repas.

310 **Maréchal**. Dessin représentant un Salon Louis XVI, plus cinq feuilles de dessins d'architecture.

611 **Oudry**. Entrée d'une forêt. Au bistre.

312 **Parrocel**. Quatre Dessins de cavaliers. A la sanguine.

313 **Reynolds** (Attribué à). Une jeune Fille couchée ayant un chien entre ses bras. Joli dessin à la mine de plomb.

314 **Romain** (J.). Académie d'homme nu. Beau dessin à la plume.

315 **Saint-Aubin.** Croquis à la plume, animé de plusieurs personnages.

316 **Stellary.** Sept Dessins d'après différents maîtres.

317 **Tiepolo** (J.-D.). Le Mariage de la Vierge, la Transfiguration et une Mise au tombeau. Trois pièces. Ces trois dessins, ainsi que les suivants. sont tous à la plume, lavés de bistre et de la plus grande beauté.

318 — La Nativité, le Songe d'un évêque, la Descente aux limbes. Trois dessins.

319 — Le Christ en croix, le Repos en Egypte et la Sainte Vierge entourée d'anges et de saints. Trois dessins.

320 — Jésus au Jardin des Oliviers, la Descente du Saint-Esprit sur les Apôtres, et la Sainte Famille se disposant à fuir en Egypte. Trois dessins.

321 — L'Éducation de la Vierge, Jésus transporté sur la montagne, et deux Sujets de la vie de Jésus-Christ. Quatre dessins.

322 — Saint Pierre descendant les marches du temple, les Apôtres accompagnant le corps de la Vierge et saint Pierre donnant ses instructions aux Apôtres. Trois dessins.

323 — La Visitation, Jésus ressuscitant la fille de Jaïre et un Sujet du Nouveau Testament. Trois dessins.

324 — La Résurrection, Jésus et saint Jean sur les bords du Jourdain. Trois dessins.

325 **Tiépolo** (J.-D.). — Jésus lavant les pieds des Apôtres, saint Pierre délivré de sa prison et Jésus en prière. Trois dessins.

326 — Le Portement de croix, l'Ange apparaissant aux Saintes Femmes, et le Martyre d'un Saint. Trois dessins.

327 — Jésus tenté par le Démon, et trois autres Sujets du Nouveau Testament. Quatre dessins.

328 — Saint Pierre et saint Paul guérissant les boiteux, la Naissance de la Vierge, l'Arrivée en Egypte. Quatre dessins.

329 — Saint Joseph et la Vierge dans une chaumière, la Mort de saint Joseph, Jésus multipliant les pains, et l'Ange guidant la sainte Vierge. Quatre dessins.

330 — Les Apprêts pour le martyre de deux Saints. La Fuite en Egypte, et le Mauvais Riche. Trois dessins.

331 — La Vision de saint Joseph, la Sainte Famille entourée d'anges. Trois dessins.

332 — La Leçon d'anatomie, Cortége vénitien. Deux beaux dessins.

333 — La Sainte Famille entourée d'anges, le Martyre d'une Sainte. Deux beaux dessins.

334 — Deux Lévriers dans un paysage, trois Lévriers dans un paysage. Deux beaux dessins à la plume.

335 **Trinquesse**. Deux Dessins à la sanguine, représentant deux Femmes assises.

336 **Vincent**. Deux Dessins représentant différents costumes.

337 **Wouwermans**. Le Siége d'une ville, le Général en reconnaissance. Deux beaux dessins à la mine de plomb.

LIVRES A FIGURES

338 Les augustes Représentations de tous les rois de France, depuis Pharamond jusqu'à Louis XV. Suite de 65 portraits gravés par de Larmessin. Paris, Hurand, 1 vol. in-4°, veau.

339 Galleria Giustiniana del Marchese Vincezo Giustiniani. Deux parties reliées en 1 volume in-fol., demi-reliure.

340 Les Cris de Paris, par Bouchardon. Paris, Fessard, 1737 ; 1 vol. in-4°, broché.

341 Perspective, c'est-à-dire le très-renommé art du point oculaire. Inventé par Jean-Fredeman Frison, Henric. Hondius sculps. et excud cum Privill. Lugdini Batauorum. 1 vol. petit in-fol. obl. veau.

342 Solitudo sive Vitae Patrum Eremicolarum, etc. Thomas de Luc excudit, 1606. 1 volume in-4, oblong.

343 Epigrammata Antiquæ Urbis. Cantum. Edicto. Leon X. Pont. Opt. Max. Ne. Quis. Septennium. Hoc. Opus. Excudat. Alioqui. Reus. Esto. Noxamque pendito. Figures sur bois. 1 vol. in-4° en parchemin.

344 Notitia Utraque cum Orientis, tum Occidentis. Basileæ. 1552. Cum gratia et Privilegio Imp. Maiest. ad annos quinq. Figures sur bois représentant des monuments. 1 vol. gr. in-4°, relié en parch.

345 Saint-Jean. Costumes de modes, depuis 1626 jusqu'à 1695. 1 vol. rare et curieux contenant 60 planches in-fol., cart.

346 Le Maniement des Armes au XVIe siècle. Suite de 89 planches gravées par J. de Gheyn. 1 vol. in-fol., relié en parchemin.

347 Opera Varia Historica, Poëtica et iconologica, inventé et édité par Samuel Böttschild. 1 volume in-4°, cartonné.

348 Perrier F. Les Bas-Reliefs de Rome. R. D. 142 à 195. 1 vol. in-fol., oblong.

349 Les Loges du Vatican, d'après Raphaël. Paris, chez Chereau et Joubet. 1 vol. in-fol., cartonné.

350 Les Bas-Reliefs de la Colonne Trajane. Suite de 130 estampes. 1 vol. in-fol., oblong.

351 Figures antiques dessinées à Rome par F. Perier, les Mois de l'Année, par Surugue, et les Médaillons de la Bible. 3 vol. in-8°.

352 Galerie de S. A. R. Madame la Duchesse de Berry. 1 vol. in-fol., broché, contenant 118 lithographies par divers artistes.

353 Bérain. Son OEuvre en 100 planches sur 95 feuilles, renfermant des cheminées, pilastres, arabesques, consoles, pendules, meubles, grilles, etc. 1 vol. grand in-fol., relié en veau, ancienne reliure.

SUPPLÉMENT

TABLEAUX

ATHANASÉ

1 — Mariage de Tobie.

Largeur, 67 c.
Hauteur, 54 c.
(Sur Toile).

30

2 — Salomon et la Reine de Saba.

Largeur, 86 c.
Hauteur, 67 c.
(Sur Toile).

BOUCHER (Ecole de)

3 — La Pêche. Jolie composition représentant un paysage ; à droite, deux pêcheurs ; et à gauche, un autre pêcheur se dirige vers la rivière.

Hauteur, 49 c.
Largeur, 59 c.
(Sur Toile).

PRUD'HON (Attribué à)

4 — Frise d'appartement représentant, à gauche, une femme assise jouant de la lyre, une autre appuyée sur le dossier de sa chaise; à droite, deux femmes et deux Amours, tenant des fleurs, dansent.

Hauteur 11 c.
Largeur, 25 c.
(Sur Cuivre).

DESSINS

BONNARD

5 — Seigneur accompagné d'une dame. Très-beau dessin à la plume, lavé à l'encre de Chine.

DÉBUCOURT

6 — La bonne petite Sœur. A la plume, lavé d'encre de chine.

7 — Le Baiser champêtre. Joli dessin à l'aquarelle.

8 — Thisbé. Beau dessin à l'encre de Chine.

9 — La Chasse aux Papillons. A la plume, lavé d'encre de Chine.

10 — Le jeune Artiste. Dessin à la plume, lavé d'encre de Chine.

NORBLIN

11 — Le Charcutier, les Mendiants, le Joueur de cornemuse, Châtiment des voleurs d'église, la Dame de charité, etc. Six Dessins à l'aquarelle.

WATTEAU (Fils)

12 — Costumes d'hommes et de femmes, avec encadrement, entourés de guirlandes de fleurs. Quatorze Dessins au crayon noir. Plusieurs ont été gravés.

GRAVURES

13 **Adam, Dandeleux, Lefèvre et autres.** Bataille de Marengo, bataille d'Héliopolis, bataille de la Moskowa, bataille de la Polotsk, etc. Six pièces d'après Langlois et Grenier.

14 **Adam** (V.), **Arnout** et **Richebois.** Retour en France des Dépouilles mortelles de Napoléon. Suite de douze lithographies.

15 **Aubry-Lecomte.** Sujets gracieux, d'après Girodet et autres. Cinq pièces, plus treize sujets divers, par Deveria et autres. En tout dix-huit pièces.

16 **Bellangé.** Les Gardes de la porte. Deux eaux-fortes, par Boissieu. Le Retour au village, d'après Destouches, etc. Six pièces.

17 **Bromley, Turnet** et **Philips.** Le Tribunal de l'Inquisition. The spoilt Child. The Spanish contrabandista. Spanish Monks preaching at Seville, etc., etc. Huit pièces, d'après différents maîtres anglais.

18 **Calamatta** (Luigi). Portrait du duc d'Orléans, d'après Ingres. Belle épreuve.

19 **Charlet, Géricault, Vernet** (H.), **Delaroche.** Sujets d'enfants, Militaires, Batailles, Enfants surpris par l'orage, etc. Treize pièces.

20 **Claessens.** La Bourgeoisie armée d'Amsterdam, d'après Rembrandt.

21 **Collignon et autres.** Douze Lithographies représentant les neiges de diverses villes.

22 **Copley** (D'après). Le prince Régent, par Turner. John Spencer, par Duncarton. Deux pièces.

23 **Cornillet** (Alfred). Le Retour du matelot. La Lecture de la Bible. Belles épreuves avant toutes lettres.

24 **Cottin, Kœnig, Garnier**, Seule au rendez-vous. Arrestation du marquis de Crespierre. Ruth et Booz, etc., etc. Sept pièces, d'après A. de Dreux, Johannot, Schopin et autres.

25 **Cousins** (Edwin). La Dîme, d'après Landreer. Belle épreuve, plus une épreuve à l'état d'eau-forte.

25 bis — Burnet. Padderson et autres. Animaux et autres sujets, d'après Landreer. Cinq pièces.

26 — Vittoria d'Albano, d'après H. Vernet.

27 **Daullé, Drevet, Chereau** et autres. Portraits de Rigaud, Robert de Cotte, cardinal Fleury, cardinal Dubois et autres. Onze pièces.

28 **Debucourt**. La Porte enfoncée ou les Amants poursuivis. Belle épreuve en couleur.

29 — L'Enfant au chat. Belle épreuve en couleur. Très-rare.

30 — Leçon d'équitation. Le Retour du mari. Le Grand-Papa. Le Gastronome en jouissance, etc. Neuf pièces en noir et en couleur.

31 — Café Frascati. Épreuve avant la lettre; très-curieuse pour les costumes.

32 — Elle est prise, le Pêcheur, l'Hiver (deux compositions différentes), la Calèche volée. Cinq pièces.

33 — Suzette mal cachée, ou les Amants découverts; le Songe réalisé; le Premier Pas de Pau et Virginie; Pauvre Annette, que vas-tu faire, qu'as-tu fait? Six pièces.

34 — Les Petits Messieurs, ou les Adolescents à la mode; la Manie de la Danse. Deux pièces.

35 — L'Heureux Ménage, Quel est le plus heureux. Deux pièces avant la lettre.

36 — L'Héroïne de saint Milher, Mort héroïque du jeune Barra. Deux pièces.

37 — Le Canal et le Carnaval. Deux pièces très-curieuse pour les costumes.

38 — Illumination de la grande Cascade de Saint-Cloud, Vue de l'Arc de Triomphe de l'Étoile. Deux pièces représentant des fêtes publiques données à l'occasion du mariage de l'Empereur.

39 **Debucourt**. Le Coiffeur, le Tailleur et le Bottier. Trois pièces; la dernière est avant la lettre.

40 — Le Printemps, ou les Amants; l'Hiver, ou le Mari. Deux pièces avant la lettre.

41 — Calendrier Républicain, année 1793; Almanach National, année 1799. Deux pièces.

42 — Les Visites. Pièce très-curieuse pour les costumes.

43 — Suite de vingt-deux Costumes en couleur.

44 — Vingt-neuf Costumes divers, en noir et en couleur.

45 — Portrait de Mgr le duc d'Orléans. Belle épreuve en couleur.

46 — Portraits de Lafayette, Mme de Maintenon, duchesse d'Angoulême, etc. Cinq pièces.

47 — Le Rempailleur de Chaises, d'après Vernet. Belle épreuve en couleur.

48 — Marchand de Vin des environs de Naples et Route de Poissy, d'après C. Vernet. Deux pièces en couleur.

49 — Route de Poissy, Route de Poste, Retour des Champs et le Marchand de Vin des environs de Naples, d'après C. Vernet. Quatre pièces.

50 — Ah! c'est bien ça. Pièce avant la lettre; très-curieuse pour les costumes.

51 — Le Marchand de galette et le Café ambulant. Deux pièces.

52 — Passez, Payez, la Marchande d'eau-de-vie, le Chiffonnier, le Jour de barbe d'un charbonnier, etc. Huit pièces d'après C. Vernet; plusieurs sont avant la lettre.

53 **Debucourt.** Différents costumes militaires, d'après C. Vernet. Neuf pièces.

54 — Costumes civils et militaires français, anglais, allemands et russes, d'après C. Vernet. Vingt pièces en couleur.

55 — Courses de chevaux, d'après C. Vernet. Trois pièces.

56 — Course de chevaux, Sujets de chasse et autres. Sept pièces, d'après Carle Vernet.

57 **Desclaux.** Les Moissonneurs et les Pêcheurs, d'après L. Lobert. Très-belles épreuves avant toutes lettres sur chine.

58 **Desnoyers** (Baron Boucher). Napoléon Ier en manteau impérial, d'après Gérard. Belle épreuve.

59 — Bélisaire, d'après Gérard,

60 **Deveria**, **Cogniet** et autres. Portraits de Princes français, Femmes célèbres, Représentants du peuple en 1848, Généraux, etc. Soixante-cinq pièces.

61 **Dreux** (D'après Alfred de). Sujets de chasses et autres. Neuf pièces en noir et en couleur.

62 **Dubuffe** (T.), **Schopin-Court** et autres. Quatorze pièces, sujets gracieux gravés à la manière noire. La plupart avant la lettre. Pourra être divisé.

63 **Durand** (A.-B.). Déclaration de l'indépendance américaine, d'après Trumbull.

64 **Earlom** (Richard). La Poissonnerie, le Marchand de gibier, d'après Snyders. Deux pièces avant la lettre.

65 **Earlom**. Les Fleurs, d'après Van Herssum.

66 — L'Enfant aux raisins, d'après Rubens, avant la lettre.

68 **Ecole anglaise**. L'Orgie des matelots, Combat de chevaux, le Lion et le Cheval, etc., etc. Dix pièces d'après Pye, Stubbs, Bigg, Morland, Wright.

69 — Scènes de brigands, Sujets de singes et autres. Onze pièces.

70 — Huit Sujets historiques.

71 — Différentes Marines, d'après Turner, Bonington et Daniel. Onze pièces.

72 — Marines, Batailles, Paysages, Jeux d'enfants, Intérieurs de chaumières, etc. Quarante-trois pièces.

73 **Ecole française, italienne et hollandaise**. Sujets religieux, Paysages, Animaux et autres, d'après N. Poussin, Lebrun, Lesueur, Benvenuto, Wouvermans, etc. Trente-sept pièces.

74 **Ecole française**. Sujets d'équitation. Six pièces.

75 **Flipart**. Le Gâteau des Rois, d'après Greuze. Belle épreuve avant la lettre.

76 **Fragonard** (D'après). Le Chiffre d'Amour, par de Launay.

77 **François** (Alphonse). Marie-Antoinette devant le tribunal révolutionnaire, d'après Paul Delaroche. Très-belle épreuve avant la lettre sur papier de Chine, portant la signature du graveur.

78. **François** (Jules). Les Pèlerins sur la place Saint-Pierre de Rome. Très-belle épreuve avant la lettre sur papier de Chine.

79. **Forster** (F.). Sainte Cécile, d'après Paul Delaroche. Belle épreuve.

80. — Les Trois Grâces, d'après Raphaël. Très-belle épreuve.

81. — Portrait de Raphaël, d'après lui-même. Belle épreuve.

82. **Garavaglia**. La Madone de San Geimignano.

83. — Agar et Ismaël dans le désert, d'après S. Barocchion. Verbum caro factum, d'après Carlo Maratte. Deux pièces.

84. **Gérard** (D'après F.). Quinze études tirées de ses principales compositions.

85. **Gérard** et autres. Têtes d'étude et autres sujets. Cinquante-trois pièces.

86. **Gérard** (F.) Il Decamerone, d'après Winterhalter.

87. **Girardet** (Paul). Une Messe en Kabylie, d'après Horace Vernet. Très-belle épreuve avant la lettre sur papier de Chine.

88. **Ingouf**, **Gaucher**, **Saint-Aubin** et autres. Portraits divers pour illustration. Soixante-douze pièces.

89. **Janinet**. Les Epoux heureux, la Femme prudente, le Rendez-vous. Trois pièces.

90. **Jazet**. Louis XVI recevant le duc d'Enghien au séjour des bienheureux, d'après Roehn. Belle épreuve avant toutes lettres.

91 **Jesi** (Samuel). La Vierge à la vigne, d'après Paul Delaroche. Belle épreuve avant la lettre sur papier de Chine.

92 **Lami** (E.), **Scheffer** et autres. Portraits de Napoléon, Louis XVIII, Louis-Philippe, Lafayette, duc d'Orléans, duc de Reischtadt, etc. Huit pièces.

93 **Lawrence** (D'après). Neuf Portraits anglais, dont plusieurs avant la lettre, par S. Cousin et autres.

94 **Lefèvre** (Achille). Le Roi de Rome, d'après Prud'hon. Belle épreuve avant la lettre sur papier de Chine.

95 **Lefèvre** et **Blanchart**. La Jeunesse de Voltaire, la Jeunesse de Rousseau, d'après Steuben. Deux pièces avant la lettre sur papier de Chine.

96 **Lefèvre**, **Garnier**, **Forster** et autres. Portraits du général Foy, duc de Berry, Napoléon, Talma et autres, Henri IV, la plupart avant la lettre. Quinze pièces.

97 **Levasseur**. Portrait de Paul Delaroche, d'après Buttura.

98 **Louis** (Aristide). Portrait de Napoléon, d'après Paul Delaroche. Superbe épreuve d'artiste sur papier de Chine.

99 **Lutz** (Peter). La Madone de Saint-François, d'après le Corrège. Belle épreuve.

100 **Maile**, **Sixdemiers**. Deux Scènes du Mariage de Figaro, avant la lettre. L'Amour médecin et le Nouveau-né, d'après Destouches. Cinq pièces.

101 **Martin** (John). La Destruction de Ninive. Josué arrêtant le soleil. Le Passage de la mer Rouge. Avant la lettre, etc. Cinq pièces.

102 **Martinet** (Achille). La Vierge au lézard, d'après Paul Delaroche. Belle épreuve avant la lettre sur chine.

103 — Jésus et la Femme adultère, d'après C. Signol. Très-belle épreuve avant la lettre sur papier de Chine.

104 — La Vierge à l'oiseau, d'après Raphaël. Très-belle épreuve avant la lettre sur chine.

105 — Charles Ier insulté par ses gardes, d'après Paul Delaroche. Très-belle épreuve d'artiste sur papier de Chine, portant la signature du graveur.

106 **Morghen** (Raphaël). Le Chevalier de Moncade, d'après Van Dyck. Belle épreuve.

107 **Ostade** (Adrien Van). Son Œuvre en quarante-trois pièces, anciennes épreuves; plusieurs sont avec remarques.

108 **Pauquet**. Revue du premier Consul aux Tuileries, d'après Isabey; avant la lettre.

109 **Pelée** (P.). L'Assassinat du président Duranti, d'après Paul Delaroche. Belle épreuve avant la lettre.

110 **Péters, Kauffman, Smirke**, etc. Onze pièces tirées des principales comédies de Shakespeare.

111 **Posselwhithe**. Les Filles d'Ève, d'après Vidal. Quatre pièces avant la lettre sur papier de Chine.

112 **Prévost** (J.). Fête à la Madone de l'arc, d'après L. Robert. Très-belle épreuve d'artiste sur papier de Chine (lettre grise).

113 — Les Moissonneurs. Fête à la Madone de l'arc. L'Improvisateur. Trois pièces d'après Léopold Rober, avant la lettre sur papier de Chine (lettre grise).

114 — Fête à la Madone de l'arc. L'Improvisateur. Deux pièces à l'état d'eaux-fortes.

115 — La Veuve du pêcheur, d'après L. Robert. Épreuve avant la lettre.

116 — Les Singes musiciens, d'après Decamps. Épreuve avant la lettre.

117 **Prudhomme** (H.). Les Enfants d'Édouard, d'après Paul Delaroche.

118 **Quenedey**. Soixante-neuf portraits d'Hommes et Femmes célèbres de la Révolution française, gravés au physionotrace par Chrétien. Pourra être divisé.

119 **Raimbach** et autres. Vingt-cinq pièces diverses non terminées, d'après Wilkie, Paul Delaroche et autres.

120 **Raphaël** (D'après). Vingt-deux pièces : Études diverses tirées des principales compositions de Raphaël.

121 **Rembrandt**. Portrait d'Abraham France. B. 273. Belle épreuve.

122 **Reynolds** (D'après). Ugolin et ses enfants.

123 **Reynolds** (W.), **Green**, etc. Vingt-deux Portraits anglais dont plusieurs avant la lettre. Pourra être divisé.

124 **Richomme** (J.). La Vierge au livre, d'après Raphaël. Belle épreuve.

125 **Robert** (L.), **Ary Scheffer** et autres (D'après). Quatorze pièces : Études aux deux crayons, Lithographies par Julien et autres.

126 **Rollet, Garnier, Maime.** Sainte Geneviève de Brabant et le prisonnier, d'après Jacquand. Départ pour le marché, l'Orage ; d'après Devéria et Beaume. Quatre pièces avant la lettre.

127 **Schiavonetti.** Le Pèlerinage à Canterbury, d'après Stathard.

128 **Sharp.** La Sorcière. Entrevue de Charles Ier avec ses enfants en la présence de Cromwell. Épreuve avant la lettre.

129 **Stolker** (J.). La Leçon de musique, d'après Terburg.

130 **Vernet** (C. et H.). Différentes Études de chevaux et autres sujets. Quatorze pièces.

131 **Vinchon** (D'après). Peintures à fresque exécutées à Saint-Sulpice dans la chapelle Saint-Maurice. Six planches avec texte, lithographiées.

132 **Weber.** Napoléon et le roi de Rome, d'après Steuben. Belle épreuve avant la lettre, sur chine.

133 **Wilkie** (D'après). The Penny Wedding. The reading of a will. The blind fiddler. Distraining for rent. Alfred in the Neaiherds Cottage. Blindmann's Buff. avant la lettre, etc. Huit pièces.

GRAVURES ENCADRÉES

134 **Laugier**. Les Pestiférés de Jaffa, d'après Gros. Très-belle épreuve avant la lettre sur chine.

135 **Richomme**. Le Triomphe de Galathée, d'après Raphaël. Belle épreuve.

136 Peintures de la villa Madame à Rome. 12 planches peintes à la gouache, superbes de coloris et d'une conservation parfaite.

LIVRES A FIGURES

137 Histoire naturelle, par Lacépède et Buffon; poissons, Cétacés, etc. 9 volumes in-4°, figures, demi-reliure.

138 Histoire de Gil Blas de Santillane, par Lesage; texte français, figures de Smirke sur papier de Chine. Londres, 1809; 4 vol. petit in-4, demi-reliure.

139 Voyage sur le fleuve Hudson, par Milbert. 4 vol. in-fol., demi-reliure v., ornés de 53 planches sur papier de Chine.

140 Voyage à Naples et en Sicile, par Saint-Non. 3 vol. in-fol. de planches, 4 vol. in-4 de texte; demi-reliure mar. bleu.

141 Voyage en Egypte, par Denon. 2 vol. gr. in-fol. de planches, 2 vol. in-4 de texte, d.-rel. v.

142 Héro et Léandre, poème, orné de huit figures dessinées et gravées en couleur par Debucourt. 1 vol in-4, cartonné.

143 L'Ancien et le Nouveau Testament, anciennes figures sur bois. Paris, 1688 ; incomplet.

144 Voyage sur le Gange et la Summa, orné de 24 planches, gravures anglaises imprimées en coul. 1 vol. in-4, d.-rel.

145 Voyage pittoresque en France. 3 vol. in-8 contenant 360 pl., 2 sont en d.-rel. et le surplus en livraisons. Paris, Ostervald, 1817 ; in-4.

146 Eaux-fortes par Herman Swanevelt, 35 planches. 1 vol. in-4 oblong.

147 Albums de lithographies par Géricault, Gros, Hersent, Carle et Horace Vernet, Isabey, etc. 6 vol. contenant 160 pièces, d.-rel.

148 Voyage en Vendée et Vues de Clisson, gravures par Pirengér. Paris, Didot, 1817 ; 1 vol. in-4, cart.

149 L'Œuvre de Boissieu en 100 planches. Anciennes épreuves de l'édition de Rossi, dans un portefeuille.

150 Fastes de Napoléon, gravés d'après Appiani, sous la direction de Longhi. 1 vol. in-fol. oblong, de 32 planches, d.-rel.

151 Un mois de 1830, par Carrin, 1 vol. gr. in-fol. oblong, figures, d.-rel.

152 Vues des Ruines de Pompéï, d'après l'édition de Geel et Gandy. Paris, Didot, 1827 ; 1 vol. in-4, d.-rel.

153 Les principaux Monuments et Hôtels de Paris. Suite de 71 planches de forme ronde gravées par Janinet, imprimées en couleur. 1 vol. in-4. Très-rare.

154 Le Chatelain de Coucy. Paris, Crapelet, 1829; 1 vol. in-4, cart.

155 Architecture moderne de la Sicile, par J. Hittorffet, L. Zanth. Album pittoresque de la frégate la *Thétis*. Galerie des musiciens célèbres. 3 ouvrages in-fol. incomplets.

VIGNETTES

156 **Le Tasse**. Suite de 46 vignettes in-8, d'après Cipriani, Morean, Eisen, Cochin et autres, plus son portrait par Savart.

157 **Rousseau** (J.-J.). Suite de 58 vignettes in-8 pour illustrer ses œuvres, d'après Moreau, Le Barbier et autres.

158 **Voltaire**. Suite de 31 portraits, par A. de Saint-Aubin.

159 — Suite de 59 vignettes in-8, d'après Moreau, pour illustrer la Henriade et le Théâtre.

160 — Suite de 21 vignettes in-8, d'après Moreau, pour illustrer la Pucelle; le portrait de Voltaire, par Saint-Aubin, et Jeanne-d'Arc par Delvaux.

161 — Suite de 33 vignettes in-8, d'après Moreau, pour illustrer les romans et contes en vers.

162 — Suite de 22 vignettes in-4, d'après Monsiau, Marellier, Monnet, etc., pour illustrer la Pucelle.

OBJETS DIVERS

463 Un Médailler, Platre : Hommes célèbres.

Un Médailler, Plâtre bronzé : Empire français.

Une Boîte : Pistolets de tir.

Un Lot de portefeuilles.

Renou et Maulde, imprimeurs de la Compagnie des Commissaires-Priseurs, rue de Rivol., 144. 4717

2 50
6
19
7 50
3 50
1

39 50

achats de Pr. de
Baudicour

RENOU ET MAULDE
IMPRIMEURS DE LA COMPAGNIE DES COMMISSAIRES-PRISEURS
Rue de Rivoli, 144

www.ingramcontent.com/pod-product-compliance
Ingram Content Group UK Ltd.
Pitfield, Milton Keynes, MK11 3LW, UK
UKHW020403220726
13923UKWH00004B/1708